JN439942

모래의 여정

성윤자 제4시집

모래의 여정

세종출판사

自序

오늘은 바닷가 모래가 유난히 빛난다. 파도에 밀리며 갈 바를 몰라 하는 저 모래는 제 의지도 없이 어디에서 출발하여 바다까지 왔을까. 모래가 오는 길에 무슨 일 있었기에 저 몸이 저렇게 닳고 닳았을까. 그리고 얼마나 씻어야 저렇게 빛이 날까. 이제 더 버릴 것도 씻을 것도 없을 저 모래는 어떤 모습으로 바뀌려고 지금도 씻는 것을 멈추지 못하는 것일까.

하지만, 이 땅의 어떤 것도 그대로 있을 것 없고, 바뀌지 않는 것 또 어디 있을까. 전하고 싶다. '모래의 여정'을 통하여 모래처럼 바뀌는 세상 이야기를…….

2017년 여름 바닷가에서

차례

自序 · 5

제1부 시월의 꽃을 보며

꽃씨를 심자 13
고목古木 14
완두豌豆 16
이팝꽃 17
찔레꽃 18
제비꽃 20
양귀비꽃 21
모과꽃 22
달맞이꽃 23
홍시의 사계절 24
로터리 소나무 25
가을 때죽나무 26
시월의 꽃을 보며 27
괭이밥꽃의 고백 28
담쟁이 29
수초 30
양파 31
쉿 32

제2부 모래의 여정

모래의 여정 1 35
모래의 여정 2 36
모래의 여정 3 37
모래의 여정 4 38
모래의 여정 5 40
모래의 여정 6 42
모래의 여정 7 43
나무꾼과 맹꽁이 44
낯설지 않은 얼굴 46
가장 가벼운 짐 48
여름 나그네 50
구월의 아침 51
이명 52
보물찾기 53
이름 없는 곳 54
낯선 길 55
한 짝의 소중함 56
내 마음의 초가 58
해반천 59

제3부 시인이여

출간 63
시인이여 64
카메라의 비애 66
신경치료 68
신경치료 69
들풀을 보면 70
후회 72
매듭 풀기 73
기한 전에 떨어진 열매 74
종이컵 76
노천탕 78
동행 79
계절의 언덕에서 80
묵찌빠 놀이 82
감기 84
바람 당그레 1 85
바람 당그레 2 86
산다는 것은 87

제4부 나무꾼 이야기

나무꾼 이야기 1 91
나무꾼 이야기 2 92
나무꾼 이야기 3 93
나무꾼 이야기 4 94
나무꾼 이야기 5 95
나무꾼 이야기 6 96
나무꾼 이야기 7 97
비와 사계절 98
어머니 마음 100
쉼터 101
시간 1 102
시간 2 103
밤길 104
합류 105
구름을 밀어내고 106
아지랑이 107
급체 108
문을 열자 109
안부 110
오뉴월 한낮 111

평론 | 시인의 만남에 대한 시학 **박미정** 113

제1부

시월의 꽃을 보며

꽃씨를 심자

빈 밭을
일구어
꽃씨를 심자

호미가
없으면
나의 손 호미 되어

마른 땅
헤집어
꽃씨를 심으면

빈 밭에도
꽃이 피어
꽃밭 되리리

고목古木

동네 앞 정자나무
그 자리를 떠나지 못함은
누구를 기다리는가

뻥 뚫린 가슴은
세월이 휩쓸고 간
흔적이던가

퍼져 버린 엉덩이
너무 무거워
그 자리를 떠날 수가 없는가

휘어진 손목 군살 박히고
마디마다 관절이 심해도
너 살아 있음은 기적 아닌가

갖추어라 주름진 얼굴에
푸른 화장 짙게 하고
봄의 차일로 덮어라

네가
고대하는
그를 위하여

완두豌豆

그립습니다
봄이
그립습니다

겨울은 아직도 남았는데
당신이 주실 새봄이
미리 그리워집니다

때가 되면 흰 눈 떨치고
설렘으로 피어날
보랏빛 희망 한 송이

꾸밈없는 모습은
당신이 베푸실
선물이기 때문입니다

이팝꽃

쌀밥 찾아 한평생 헤매었더니
여름 오는 길목에서 쌀밥을 찾았네
가지마다 흐드러진 하늘 닿은 저 밥은
찹쌀 멥쌀 섞어서 뜸 잘 들인 후한 밥
그릇마다 소복소복 담긴 쌀밥은
누가 와서 먹으라고 하늘까지 쌓였나
후한 사람 담은 밥은 머슴 먹을 고봉밥
시어머니 담은 밥은 며느리 먹을 접시밥
놀부 아내 담은 밥은 흥부 볼의 밥풀떼기
이 밥 저 밥 흰 쌀밥은 모두 다 반갑지만
시어머니 담은 밥은 무서워 먹기 싫고
놀부 아내 담은 밥은 먹어도 배고프고
후한 사람 베푼 인심 고봉밥이 제일이라

찔레꽃

봄 언덕
해당화
하얀 찔레꽃

너 가까이
다가서니
너는 돌아서

하얀 손
저으며
떠나가는 가

봄 언덕
흰나비
튀밥인 듯하여

동네 아이
모여서
따라가는데

무정한
흰나비
뒤돌아보지 않네

제비꽃

키 작아도
나는
좋아

당신이
오시는
날

보랏빛
미소로
반길 수 있으니

양귀비꽃

붉으면
붉을수록
더 예뻐질까 봐

붉은 화장
짙게 하고
긴 목 드리우고

하늘도
유혹하는
도도한 꽃

모과꽃

봄 담은 가지에 곱고 고운 옷
녹색의 치마 연분홍 저고리
꽃 중에 제일 모과 한세월

쉼 없이 변모해 가는 그 길에
겉만 보고 못났다고
흉보지 마세요

세상에 어떤
그 어떤 것인들
그 모습 그대로 간직할 수 있을까

형언하기 어려운
모과 한세월
불변의 향기는 당신 곁으로

달맞이꽃

낮에는
무슨 일로
못 오시나요

해지고
달뜨거든
날 찾아오시오

당신이
오시는
달 밝은 밤이면

샛노란 옷
차려 입고
당신을 맞으리

홍시의 사계절

봄에는
연노랑 모자 속의 네 얼굴
점 하나에 불과했다

여름에는
연초록 옷 속에 돋아나는
가슴을 움츠렸다

가을에는
색색의 옷을 입고
붉은 화장 짙게 했다

지금은 겨울
봄을 기다리는 네 모습
선혈보다 더 붉다

로터리 소나무

로터리 소나무 심산유곡 고향 두고

도회지에 가도街道에 교통순경 되었네

물결처럼 밀려드는 서두르는 자동차

소나무 앞에서 길을 묻는다

로터리 소나무 방향을 지시하며

저 길에서 오신이여 이 길로 가시오

소나무 남은 사명 심산유곡 떠나와서

도회지 가도에 길잡이가 되었네

가을 때죽나무

겨울이 오는 길목
욕심 없는 헤프니

소싯적 네 모습은
과히 어설프지 않았는데

너는 어찌
겨울을 준비하지 않고
알곡이 입술에서
흘려 내리나

쏟아라
버려라
빈 몸으로 가는 것이
행복이라면

시월의 꽃을 보며

서리 내린 냇가에 홀로 피는 들꽃아
기나긴 여름날은 무엇하다가
모두가 돌아가는 때 늦은 들길에서
친구 없이 너만 홀로 꽃을 피우나
저 산을 넘는 바람 찬서리 몰아오고
겨울은 소리 없이 다가오는데
너는 아직도 냇가에 주저앉아
붉고 시린 손가락을 오므리지 못하고
저 산 넘는 찬바람을 막고 있구나

괭이밥꽃의 고백

좁으면
어떠하리
바위틈 나의 집

이 땅의 누구인들
태어나고 싶은 곳에
태어나는 이 있을까

공평한 바람
나의 등 밀어
나 여기 앉게 했으니

좁으면 어떠하리
바위틈 나의 집은
철따라 꽃 피는 감사의 둥지

담쟁이

양손에
풀칠을 하고
험한 길 나섰다

내 힘으로 못 오르면
누가 내 길
대신 해 줄이 있을까

한 번 정한
길이기에
돌아서지 못하고

혼신渾身으로
오르고
또 오르리

수초

당신의 부름에
평생 입던 젖은 옷을
진흙 속에 던져 놓고
수문水門을 통과하니
따뜻한 당신이
시린 수족 녹여 주고
비단 옷을 입혀줍니다

양파

바늘같이 야윈 몸
겨울 추위 견뎌내고
이제 완연한 여름인데
아직도 너는 옷깃을 여미는구나
겨울도 봄도 그리고 여름도
어느 때가 네게 편하였으랴
겨울에는 찬 기운이
너를 엄습하였고
봄에는 온갖 꽃들이
잘났음을 자랑하였고
여름은 잡초들이 득세를 한다
두려워하지 마라 여름이 왔다
잘났음을 자랑하던 꽃들도
그 꽃잎 시들어 제 갈 길 가고
네 집 앞을 기웃거리던 잡초들도
쇠잔하여 입은 옷도 짐이 되는 때
너는 어이하여 겹겹이 옷으로
하얀 속살을 감추며 옷깃을 여미는가

쉿

해가 저문다
서산머리에서
해가 저문다

지는 해를 보고
누가 무슨 말을
할 수 있을까

그것이 어렵기에
텃밭의 결명자도
지붕 위에 박꽃도

서산머리에
저무는 해를 보고
입을 다문다

제2부

모래의 여정

모래의 여정 1

나는 본디 기암절벽이 고향입니다
내 이름은 고아가 된 부스러기
무일푼으로 집을 떠나
생사를 넘나들던 방랑의 세월
산길 들길 진흙 길 수만 수천 리
부딪히지 아니하고 깨어지지 아니하고
여기까지 이를 수는 없었습니다
비 내리는 날에는 구정물 버리고
바람 부는 날에는 붙잡을 것 없을
묻은 먼지 털며 불며 헹구며 걸어온 길
이젠 부딪혀도 깨어질 것 없을
바닷가 내 집은 은물결 찾아와
날마다 나에게 세례를 베푸니
아침 햇살 한 점에도 나는 빛이 납니다

모래의 여정 2

낯선 길 헤치며
떠나가는 모래는
어디로 가고 있는가

끝없는 땅
돌고 돌아
굽이굽이 걸어온 길

어느 땅
하늘 아래
유할 곳 없어

별빛 비취는 언덕을 넘어
모래는 오늘도
어디로 가는가

모래의 여정 3

바람이 미는 데로
물결을 따라
정한 곳 따로 없이
떠나가는 모래는

어디나 설 곳 없고
앉을 곳 없어
바닷가에 조용히
가고 있네요

태양은 쉬지 않고
모래를 따라 가며
앉은 자리 여기라고
쉬며 가자하는데

모래는 한순간도
멈추지 못해
파도에 밀리며
가고 있네요

모래의 여정 4

실개천이 길이 되고
바람이 목마되어
발길이 닿는 대로
빈손 들고 가는 길
풀꽃이 손 내밀고
그 집에 들라하면
대상에 차별 없이
그 집에 들어가서
기둥이 되라하면
기둥이 되어주고
바람벽이 되라하면
바람벽이 되어주네

바람은 가자하고
호수는 머물길 원하여
잠시 잠깐 머무는 곳
언제라도 떠나갈 몸
당신이 손 내밀고
어디라도 가자하면
당신 손 내가 잡고

순종하며 따라가서
빌딩이 되라하면
빌딩이 되어주고
마당이 되라하면
마당이 되어주네

모래의 여정 5

오라
물결아
너 아니면

내 몸에
묻은 먼지
씻어 줄이 없으리

오라
바람아
너 아니면

내
가는 길
열어 줄이 없으리

바람과
물결이
내 앞길 열어 주면

험한 길도
깊은 물도
수월하게 건너가리

모래의 여정 6

숲속이나 들판을 지나
가는 듯 서는 듯
떠나가는 모래에게
어디로 가느냐고
묻지 마세요

아침이 찬란하고
나뭇잎이 손짓하는
그 곳을 찾아
모래는 가는 듯 서는 듯
가고 갑니다

모래의 여정 7

이별도 아쉬움도
서러워 아니하고
떠나가는 모래에게
머물던 곳 어디냐고
묻지 마세요

조용한 저녁에도
빛나는 아침에도
발 디디고 섰던 곳이
모래가 머물었던 곳이랍니다

나무꾼과 맹꽁이

아재는 지게 지고
꽁이는 소를 몰고

들길로 가로질러
소 먹이러 가는 길

쇠파리 떼 따라오다
소꼬리에 뺨을 맞고
오던 길로 돌아가고

메뚜기는 나락 잎에
신방을 차려 놓고
사랑하기 바쁘구나

아재는 지게 지고
꽁이는 소를 몰고

초원 찾아 들길로
소 먹이러 가는 길

지던 지게 던져두고
소고삐 내려놓고

메뚜기 혼례식에
아재는 하객
꽁이는 들러리

낯설지 않은 얼굴

아이가 할매 되어 고향 집 찾으니
마을 길 뛰놀던 옛 아이 간 곳 없고
실버차에 몸을 기댄 허리 굽은 노인들만
그 길로 오고 가네

그리워라
이 길에서 같이 놀던 옛 아이들
지금은 어디에서
느릿느릿 세월 길 가고 있을까

마당에 주저앉아 동심을 그려 보는데
꿈인가 생시인가
천사 같은 아이 셋
그 길에서 뛰 노는구나

닮았어라 누구를 닮았을까
지인의 얼굴을 보는 듯한 낯익은 얼굴들
어디에서 온 뉘 집의 증손曾孫들일까
청순하고 앳된 얼굴들 낯설지 않아라

그중에 한 아이 재잘재잘하는 말
할머니는 누구세요 너는 누구냐 뉘 집에 왔느냐
파란 지붕 저 집이 우리 할배 집이란다
손짓하는 모습은 그 집 할배 닮았어라

손자는 아버지를
아버지는 할아버지를
낯익은 얼굴은 파란 지붕 할아버지를 닮아
처음 본 아이 낯설지 않아라

가장 가벼운 짐

그 자녀들은
그 부모의 병아리

그 부모는
마당에서 노니는
병아리들을 생각하며
오늘도 새벽길 나섭니다

그 부모는
아무리 하기 싫은 일도
해야만 하는 일이 되고
아무리 걷기 싫은 길도
가야만 하는 길이 됩니다

어떨 때는
등에 지고 가는 짐이
높은 산이 되었다가
무거운 돌이 되었다가
병아리들의 밥상이 됩니다

그 부모는
등에 지고 가는 짐이
너무 무거워
옴짝달싹도 못할 때

마당에 노니는
병아리들만 생각하면
돌보다도 무겁던 짐은
세상에서 가장 가벼운 짐이 되어

어두운 밤길도
환하고 밝은 길이 되어
가뿐가뿐 걸어
집으로 돌아옵니다

여름 나그네

여름이 불씨되어
벚나무에 불꽃이 타오르고
그 속에서 매미가 고성을 지른다
연습 없이 길 가는 나그네 매미야
네 생의 주소는 어디이든가
온 힘 다하여 걸어온 길
너는 어디서나 몸을 낮추고
밝은 곳 찾아 여기까지 왔는데
여름은 떠날 준비를 하고
너는 주소불명 길에 앉아
열변을 토한다
누구에게나 처음 오는 여름
이 여름이 간다고
너만 아쉬워하지 마라
여름이 등을 돌리면
너의 고성은 낮아지고
그물 옷도 벗어버리고
너는 가벼운 몸이 되어
더 밝은 곳을 찾아
나아가리라

구월의 아침

서럽게 푸른 하늘
무지갯빛 나부끼는
광란의 아침을 보셨나요

옷깃 스며드는
싸늘한 바람 소리에
귀 기울여 보셨나요

한세월 살다 가는
풀벌레들의
아쉬운 노랫소리를
들어 보셨나요

햇살 피어나는
구월의 아침
대지 위에 풀잎은
고운 옷 갈아입고

가던 길을 멈추고
돌아보네요

이명

병아리들이 떠나버린
고요한 집에는
외로운 겨울밤이면
귀뚜라미들이
구슬픈 노래를 부릅니다

겨울밤에
귀뚜라미들의 노랫소리가
가장 구슬픈 것은
귀뚜라미들은 아마도
추운 겨울밤이 싫어
봄을 부르고 있나 봅니다

고요한 집에서 울려 퍼지는
귀뚜라미들의 겨울 연가는
아무나 들을 수 없고
병아리들을 떠나보낸
그 집의 주인만이
그 노래를 들을 수 있습니다

보물찾기

북데기 헤집어 알갱이 찾은 기쁨 가마니에 담긴 곡식에 비할 소냐 가마니 속 알곡은 노력하지 아니하여도 애지중지 보호하며 거두는 이 많고 갈 곳도 많으나 북데기 속 알갱이는 찾는 이 없어 그 안에서 빛 잃으면 생명까지 잃으니 북데기 헤집어 알갱이 찾으면 그 기쁨 두 배되어 보물을 찾음이라

이름 없는 곳

그곳으로 가는 언덕
붉은 소나무
이름 없는 곳을 향해 손짓을 하고
모퉁이 돌아가면
푸른 밭이랑
냉이마저도 이름이 없어
나생이라 이름하여 불렸답니다

그곳으로 가는 언덕
맨발의 소나무
손짓하던 곳으로 찾아가 보니
소나무도 보리밭도
간 곳이 없고
나생이라 이름하던 냉이마저도
보이지 않습니다

낯선 길

산 그림자가
초가지붕 위에서
낮잠 자다 깨어 보니
어느 사이 초가지붕이
슬레이트 지붕이 되어
꾸겨진 웃음을 웃는다

슬레이트 지붕의
꾸겨진 웃음에 놀란 산 그림자는
서둘러 지붕을 내려와
마당을 살펴보니
키가 훌쩍 커버린 감나무가
산 그림자를 보고
고개를 갸웃거린다

바뀌버린 낯선 길
아쉬운 것 어디 있나
주위를 살펴보니
댓돌 위에 흙 묻은 고무신이
길 떠날 준비를 한다

한 짝의 소중함

신발들이
신발장 안에서
이름 불러 주기를 기다린다

어느 때나
부름 받아
세상 길 트일까

웅크리고 앉아 있던
신발 한 켤레가
부름을 받아
세상 길 나선다

한쪽 굽이
흔들려도
걸어야 하는 길

굽 하나가
떨어져 나가도
가야 하는 길

어기영차
절뚝절뚝
한 짝의 소중함은

먼 길을
걸어보지 아니하고서는
알 수 없는 것

내 마음의 초가

푸른 들길 따라
초가로 가는 길
동네 앞에 다다르면
삼거리가 있고
벌물이 할퀴고 간
자갈길을 걸어
집으로 가는 길
울타리에 기대 선
아름드리 살구나무
푸른 잎의 황금 구슬
어머니 밭길 갈 때
그것 하나 족하고
흔들흔들 외나무다리를
건너야 하는 것은
우리 모두 물길 찾아
세수하러 가는 길
옻 이파리 칡 이파리
자유롭게 춤추는
아련한 그곳은
내 마음의 초가

해반천

물아
해반천아
너 가는 길에

낮에는 해그림자 품고
밤에는
빛나는 간판을 모두 품었다

네 힘이
얼마더냐
네 가슴이 얼마나 넓더냐

네
넓은 가슴에
경전철도 품고 간다

제3부

시인이여

출간

밥솥 안에서
물에 부른 밥알들이
서로 부딪치며
자리바꿈을 하다가
솥뚜껑을 열고
밖으로 나옵니다

물에 불어 밥알들은
좁은 솥을 벗어나니
그 몸이 가벼워
민들레 씨앗 같습니다

돌아 올 수 없는
길로 떠나가는 밥알들은
그 길에서
허기진 사람을 만나면
그 사람의 시장기를
메워줄 것입니다

시인이여

당신은 봉숭아꽃의 열매입니다

당신의 주머니에 무엇이 들었냐고
묻는 이도 없는데
왜 하필 당신은 주머니 활짝 열어
당신의 귀한 열매를
아무에게나 보이려 하십니까

입 안 가득 머금은 열매를
언제 거두느냐고 묻는 이도 없는데
왜 하필 당신은 초가을부터
그 입을 열어
당신의 열매를 뿜으려 하십니까

미풍이 옷깃만 스쳐도
꽃바람이 깃털만 스쳐도
여름이 쉬 떠나갈까 조급한 마음은
당신이 아끼던 열매를
아무 곳에서나 화산처럼 뿜어냅니다

누구에게나
한 번 오는 여름
당신인들 어찌
이 여름이 바쁘지 않으리오

여름을 주신 분께 감사하며
이때를 놓칠세라
당신은 주머니 활짝 열어
당신의 소중한 열매를
바람결에 띄워 보냅니다

카메라의 비애

당신의 추억을
나의 집에 담았습니다
당신의 희로애락도
내 가슴에 가득 담았습니다

지난 날
나는
성심을 다하여
당신께 기쁨을 전하였습니다

지금 나의 집에는
당신의 허물은
한 점도 없고
당신의 미소만 가득합니다

당신은
내 가슴에
열쇠를 채우지 마세요

나는 시대의 뒤란 길에서
당신의 아름다운 추억을
한 아름 안고
당신을 그리워하며 울고 있습니다

신경치료

- 치과에서 1

터널이 무너져 길이 막혔다
막달라 마리아가 그 앞에서
길트기를 기다린다
광부는 이마에 거울 쓰고
손에 연장을 들고 터널 앞에 섰다
언제부터인가 막혀버린 나의 황금터널
그 길을 트는 기간은 약 백일
광부는 허리를 구부리고
황금벽을 두드리며 흙 파기에 열중한다
드릴로 돌리고 맷돌로 갈고
벽 긁는 소리가 날마다 요란하다
굴착기는 어떻게 생겼을까
이 소리는 어디까지 들릴까
광부는 오늘도 황금길을 못 찾고
터널을 봉하려는지
송진을 숟가락에 담아 들고
뜨겁습니다 라고 하며
터널 입구에 붙여 놓고 가버린다
막달라 마리아는 그 앞을 떠나지 못하고
터널 안을 들여다보며
주걱으로 송진을 다독거린다

신경치료

– 치과에서 2

사용이 뜸한 유선 전화기에서
막달라 마리아의 음성이 들린다
내일부터 터널 공사 시간이 길어질 수 있으니
여유로운 마음으로 내원하여 주십시오 라고 한다
나의 황금터널 공사가 다시 시작되었다
막달라 마리아가 터널 벽에 송진을 떼 내고
광부의 벽 긁는 소리가 시작 되고
수일이 흐른 후 황금길을 찾았는지
길 포장할 시멘트 섞는 소리가 들린다
백 일 동안의 터널공사가 모두 끝이 나고
나의 황금터널이 트여
오늘은 그 길로 맷돌이 잘도 돌아간다
할렐루야

들풀을 보면

곳곳에서 자라는 들풀을 보면
어머니의 꽃밭이 생각이 난다

어머니는 내가 풀꽃을 좋아한다고
시답잖은 풀꽃이 뭐가 좋노 하시며

산에 들에 돋아나는 풀뿌리 캐어
마당에 모닥모닥 심어놓고

철 따라 그 풀에서 꽃이 피어나면
우렁찬 어머니의 전화 목소리

야아야 네 좋아하는 풀꽃이 피었다
한번 다녀가라고 말씀하셨다

고향 마을 사람들을 만나면
어머니의 아련한 그리움이
풀꽃으로 피어난다

어머니가 논밭 길 다니시며
풀뿌리 캐실 때 고향 마을 사람들은

얄궂어라 풀뿌리는 뭐할라고 캐요
하고 물으면 어머니는

우리 아가 풀꽃을 좋아하요
하고 온갖 들풀을 캐어다가
마당에 되는대로 심어놓고

철 따라 그 풀에서 꽃이 피어나면
우리 아가 올 때가 되었는데 라고
하시며 동구 밖을 주시하셨다

후회

오뉴월 자동차 안에
말벌 한 마리
미라가 되었다

세상이 좋다고
앉을 곳 설 곳도
모르고

아무 곳에나 뛰놀다가
마지막 날에
수의 한 벌 못 걸쳤구나

엇갈린 그날
무리에서 떠난 순간이
마지막이 될 줄이야

정도를 넘지 않고
가던 길 가면
언제나 행복

매듭 풀기

너와 내가 매어 놓은
단단한 울타리
네 얼굴 내 얼굴
우리 얼굴 가렸어라

너는 안에서
나는 밖에서
새끼줄로 묶어 놓은
단단한 울타리

뚫어 줄 멍멍이도
헤비 줄 꼬꼬닭도
이제는 *마실갔으니

우리 서로 힘을 모아
울타리 뚫어
네 얼굴 내 얼굴
마주보며 웃어보자

* 마실: 마을에 놀러 가다

기한 전에 떨어진 열매

– 헤르만 헤세의 ≪수레바퀴 아래서≫를 읽고

될성부른 나무는
떡잎부터 안다 라는 말은
터무니없는 거짓말
어린 쌍떡잎으로
가을 나무의 열매를
누가 가늠할 수 있을까
오월의 푸른 나뭇잎이
싱그럽게 피어 있어도
큰 나무가 되어 열매를 맺으려면
나무가 겪어야 할 일은 많다
어린나무가 큰 나무가 되기까지
겨울 냉한 바람과
여름 비바람을 견뎌야 하는 그 고단함
아무도 알아 줄이 없다
어린 열매가 오뉴월 태양이 뜨거워
시든 이파리 사이로
몸을 숨겨야 하는 불안감은
열매가 되어보지 아니하고서는
그 고초 알아주는 이 없고
가을 나무의 열매가

한 해를 기다린 농부의 기대에
미치지 못할 때
나무의 아픔 마음 알아 줄이 없고
다른 나무의 열매가 무르익을 때
익지 못하는 열매의 서러움은
기한 전에 떨어지는 열매만이
느끼는 고통이어라

종이컵

풀꽃의 나비처럼
나는 어디서나
날
수
있는
가벼운
몸

내 안에
그 무엇이
가득 담겨 있을 때에는

그것이 흩어질까
가만
가만히

지금
내 안과 밖
비어있으니

바람이
부는 대로
기울어도 좋을

풀꽃에 나비처럼
나는
날
수
있어
라

노천탕

이 목욕탕은 사립문도 담장도 없습니다
그래도 당신의 벗은 몸을
훔쳐보는 사람은 아무도 없습니다
이런 조건이기에 굳이
여탕 남탕을 구분할 필요가 없습니다
그래도 시설은 그저 그만입니다
자갈 찜질 진흙 마사지
모래찜질을 할 수가 있습니다
더 원하신다면 지천에 쑥이 있어
쑥 찜질과 마사지도 가능합니다
마중물이 필요 없고
은빛 물결이 넘치며 흐르는 곳
낮에는 풀벌레들의 노래를 들으며
밤에는 별을 따라 하늘 여행을 하며
너는 나에게 나는 너에게
물장구치며 즐기는 곳
푸른 나뭇잎이 넘실거리는 계절에만
여기로 찾아오세요
당신의 목욕료는 무료입니다

동행

어디로 가든
무엇을 하든

어느 때이든
어떤 길이든

당신이 계셔
안심하고 걷는 길

반석에서는
서로 등을 기대고

협곡에서는
서로 손을 맞잡고

마차를 타든
걸어서 가든

당신과 함께라면
행복의 길

계절의 언덕에서

매화가
방긋 웃던

그때는
이미
가버리고

꽃잎이
물 위를
수놓던

그때도
이미
가버리고

어느 사이
내 발아래

봄도 여름도
가버리고

낙엽이
겨울 준비를
서두르고 있구나

묵찌빠 놀이

아지랑이
피는 날
감꽃도
피어

노란 감꽃
실에 꿰어
너 하나 나 하나
목걸이 두 개

누가누가 이기나
가위
바위
보

너는 이겨
꽃목걸이
나는 저서
실 목걸이

묵찌빠 놀이에
네 얼굴
내 얼굴에
웃음꽃 피네

감기

곤한 길손이
안식이 필요하여
당신 집의 문을 두드립니다

당신은 일손을 놓고
손님을 맞이하세요

곤한 길손이
당신 집을 찾음은
당신을 쉬게 하려나 봅니다

당신도 손님과 함께 쉬다가
손님이 가신다면
대문을 활짝 열어 주세요

길손 떠난 그 문으로
봄의 손님이
당신을 찾아 올 것입니다

바람 당그레 1

여름의 배달꾼 선풍기는
바람을 모아 흩는다

산바람을 모아올까
들바람을 모아올까
드는 바람 가는 바람
모두 끌어 모아
선사하기에 여념이 없다

내가 바람을 모으려
산과 들을 다니지 아니하여도
선풍기는 솔바람 들바람
모아주는 충실한 배달꾼이다

바람 당그레 2

여름의 상일꾼 선풍기는
바람을 모으려 좌우를 살핀다

이 바람 저 바람
무색의 바람을 모아서 흩어주는
선풍기
배려와 섬김은 끝이 없다

내가 바람을 찾으러
숲속을 헤매지 아니하여도
정해준 자리에서
한 발짝 움직임 없이

골바람 들바람 모아
시원함만 흩어주는
선풍기는 여름의 상일꾼이다

산다는 것은

아파트가 울타리가 되어버린 집 앞 공원에는 그늘이 살고 있다 공원의 나무들은 날마다 태양이 그리워 고개를 치켜들고 하늘 마중 나선다 하루에 잠깐이라도 태양을 만나려고 나무들은 서로 키 재기를 하다가 키만 커서 따라오는 어린 나무들에게 그늘만 만들어준다 그러나 어린 나무들은 자기의 길을 가면 그뿐 먼저 길을 나선 큰 나무들은 살기 위한 몸부림으로 오늘도 하늘 마중 나선다

핑계만 일삼는 내 마음에는 게으름이 살고 있다 나는 날마다 부지런함이 그리워 마음을 가다듬고 길을 나선다 하루에 잠깐이라도 게으름이 살고 있는 내 마음에 부지런함을 담아보려고 걷는 내 발길이 다른 사람의 길을 막는다고는 생각하지 않는다 다른 사람은 자기 길을 가면 그뿐 부지런함을 그리워하는 나는 게으름을 떨쳐버리려고 오늘도 길을 나선다

제4부

나무꾼 이야기

나무꾼 이야기 1

산은 산은
우리의 놀이터

순이야 행자야
산으로 가자

솔방울 기다리는
산으로 가자

산은 산은
너와 나의 놀이터

나도야 너도야
산으로 가자

솔방울 만나러
산으로 가자

나무꾼 이야기 2

정월의 산이여
내 너를 찾았을 때
잔설 추위가 대수이든가

잔설 추위도
무섭지 않았다
벗은 망개나무도
부끄럽지 않았다

오직 무서운 것은
문풍지 흔드는
남극의 땅
그 땅이 나는 싫어

먼 산에 동트면
앞산 소나무 손짓을 하고
그 산길 걸으며

잔설 녹여
마른 목 축이고
그루터기 찾아 헤매던
정월의 산이여

나무꾼 이야기 3

정월의 산은
휘날리는 잔설 보듬고
지금은 왕래자 없으니
그날의 오솔길도 찾을 수 없어라

눈 덮인 하얀 산
망개나무 얼키설키
땅 싸움하고 있으니

긍휼의 하나님이
잔설을 휘날려
다투는 망개나무
덮어주는구나

나무꾼 이야기 4

뉘 알리
무거운 짐 지고
집으로 가는 길

오직 한 분
위에 계신 그 분만이
내 짐을 가볍게 하리

뉘 알리
무거운 짐 지고
어둠 헤치며 홀로 걷는 길

오직 한 분
그 분만이
무거운 짐 가볍게 하리
어두운 길 밝혀 주시리

나무꾼 이야기 5

산에 가면
사시장천 푸른색
크고 작은 소나무
길고 짧은 그 팔에
방울방울 솔방울
방실방실 웃는다

손에 손에 닿아라
가지가지 소나무
방울방울 솔방울
가자가자 집으로
아궁이 기다리는
집으로 가자

나무꾼 이야기 6

바구니에 솔방울
집으로 가는 길

어느 사이 길 어두워
내 앞길 캄캄할 때

방울방울 솔방울
위를 향해 바라보니

하늘이
무서움을 쫓아버리고

땅은
대로大路를 열어 주어

바구니에 솔방울
집으로 간다

나무꾼 이야기 7

채워
주어도
아궁이는
입을 다물지 않는다

주는 것 모두 먹어버리고
데워 주어도 식어버리는
하마 같은 큰 입의 아궁이를
오늘도 데우고 채워 주려고

솔방울 만나려
산을 산을
헤매는
발길

비와 사계절

봄밤의 가랑비는
소리 없이 내리는데
추억의 사람은
멀어져 간다 하더라

여름 소낙비 맞으며
한없이 걸어보는
그 밤은 짧기만 하여
풋사랑이라고 하더라

가을비 달고 오묘한데
사람들은 그 밤을 싫어하고
나뭇잎 떨어지는
소리까지도 슬프다 하더라

겨울 진눈깨비
맑은 맛을
풍겨내고
그 맛은 봄을 당기니

비와 함께 사계절이
엇박자 되어
기나긴 겨울밤은
아쉬움만 쌓인다 하더라

어머니 마음

설이 되면 어머니는
아롱아롱 오색 헝겊을 이으십니다

길고
짧고
좁은 오색 헝겊들은
어머니 손끝에서
서로 손을 맞잡고
고운 옷으로 탄생합니다

헝겊을 이으시는
어머니 마음은
손을 맞잡은 헝겊들이
그 손을 놓지 않고
축복의 길 가기를 원하십니다

쉼터

저녁노을 나뭇가지에
새 한 마리 쉬고 있네요

저 새는 저기에서
얼마나 쉬게 될까요

저 새가 저기에서 쉼이 끝나면
어디로 가야 할까요

그리고 저 나뭇가지에는
어떤 새가 찾아와서 쉬게 될까요

새 한 마리 쉬고 있는
저녁노을 나뭇가지는

나뭇잎에 편지 써서
바람결에 띄워 보내며

날갯짓에 고된 새를
쉬어 가라 부르고 있네요

시간 1

무엇을 잡으려고
쉬지 않고 달려가는가

그 길에서 만나는 것마다
고운 색 빼앗기에
혈안이 되었다

예쁜 꽃도 고운님의 얼굴도
네가 한 번 스치고 지나가면
희부연 색으로 물이 들고

네 가는 길에 너는
그대로 두는 것 없으니
너의 이름은
간판 없는 염색공장이다

시간 2

맬 수도
잡을 수도 없는 너는
무엇에 이끌리어
돌아올 수 없는 곳으로
달려가는가

태양은
낮이면 낮마다
널 흩어 놓으려고
등불 들고 따라가는데

너는 잠시도
멈추지 아니하고
태양이 비추는
등불마저 삼켜버린다

밤길

태양도 숨어버린
캄캄한 밤길
마음과 몸이
서로 먼저 가겠다고
다투며 걷습니다

낮에 놀던 바위는
괴물 되어 다가오고
이름 모를 풀잎까지도
내 발목을 잡습니다

무서워
무서워
나는 너무 무서워
목청껏 엄마를 부르는데

냇물은
콸콸 콸
더 큰 소리로
내 목소리를 삼켜버립니다

합류

높은 산 빗물은
바다를 찾아 가고
나는 잃어버린 그날을 찾으러
오던 길로 다시 간다

아득하여라
잃어버린 그날들이
안개 속에 가려버린
그 일들이

역행하여 걸어 온
그 길에서
잃어버린 것을 찾아

안개 속에
가려버린 그날들을
일일이 들추어

장대에 높이
올려나 보자

구름을 밀어내고

구름아 뜬구름아
냇물에 발 담그고
무엇을 하고 있니

거기 너 앉아 놀면
빨래하는 어린 손은
다홍빛보다 붉어지고
얼음보다 차가워진다

바구니로 너를 건져
언덕 위에 말려 볼까
장대에 너를 걸어
입김으로 불어 볼까

구름아 뜬구름아
너 그림자 속히 걷어
가던 길 재촉하라

너 떠난 그 자리에
태양이 찾아들어
어린 손 차가운 손
따습게 데워주리

아지랑이

엄동설한
돌처럼 굳은 땅을
맨발로 걸어온
그대 이름은 고운 무지개

바람은 아직도 차가운데
보일 듯 말 듯
얇은 옷 갈아입고
대지 위를 사뿐히 걸어오는가

그대 앞에 다가올
기약 없는 찬바람
저 산에 불어오면

애지중지 정든 자리를
흥정 없이 양보하는
그대 이름은
꽃 나라의 진리

급체

아침 공원길에 굶주린 고양이가 까치 한 마리를 덮쳐 허기를 채운다
어떻게 알았을까 어디에서 날아왔을까 까치 떼 모여들어 공원을 얼룩얼룩 물들이고 고양이를 공격한다
내어놓아라 우리의 동포를 내어놓아라 까치 떼 소리소리 아침을 깨운다
물결처럼 밀려드는 까치 떼에 놀란 고양이 먹은 것을 후회하며 잡초야 날 가려라 나무야 나를 덮어라 사방에 숨을 곳을 찾는다
협동심 발휘한 까치 떼 서로 나래를 맞대고 울타리 만들어 그 안에 고양이 가두고 누가 고양이 목에 방울을 달 것인가 고심하는데
영문을 모르는 고양이 까치 떼 울타리에 갇혀 안절부절 못하고 꼬리를 움찔하니
고양이 몸짓에 놀란 까치 떼 부채 같은 나래를 펴고 혼비백산 한 발 물러서는데
고양이 이때를 놓칠세라 동백나무 그늘에 몸을 숨긴다

문을 열자

문을 열자 닫힌 문을 열자
누구라도 먼저
닫힌 문을 열지 않으면
그 문은 벽이 되어 우리 길 막힌다

우리 길 막히면
당신 마음 내 마음이
그 안에 갇혀 산다

누구라도 먼저
닫힌 문을 열면
그 문은 더는 벽이 아니요
우리가 나아갈 길이 된다

안부

그곳의 황토 물은
오늘도 흐르는가

물길이 가는 곳에
사연을 흩어놓고

돌멩이 사이로
옛이야기 깃든다

잊을 날 언제인가
추억의 황토 물

천한 것도 귀한 것도
모두 싣고 가는 냇물

쏜살같이 빠른 길에
내 마음 따라가네

오뉴월 한낮

태양이 마당에 비단방석을 펴니

빨래가 그 위에서 기지개를 켜고

낮잠 자던 개미들은 풀 이파리 집으로 들어가고

창공의 잠자리들은 천하의 주인처럼

큰 눈을 부라리고 술래잡기하다가

뜨거운 돌계단에 입맞춤하는 시간

| 평론 |

시인의 만남에 대한 시학

박미정 | 시인, 문학박사

1.

예술의 본질은 창작에 있다. 창작은 목적은 될 수 있으나 궁극의 도달점이 없는데 그 추구의 의미가 있다. 그리하여 그것으로 향하는 탐구세계는 끝없이 넓고 깊을 수밖에 없다. 그런 가운데 창작예술로서의 문학은 분류를 망라하고 진실에서부터 시작한다. 특히 시는 자기탐구로부터 언어를 각출하여 쓰인 자기고백체로 정의되는 점이 하나의 특성이며 시적 진실의 언어란 자아의 탐문에서 표현되는 진실이라는 것에 의미를 지닌다. 따라서 시인의 언어는 시인의 성찰에 의해 만나는 것과 관계된다. 덧붙이면 자연과 사물은 인간과 공간을 같이 하는 것에 기인하여 인류의 기원과 만나는 것이다. 그러한 만남이 결국 시인이 추구할 수 있는 초월의 일상을 존재하게 하며 지속됨으로써 상상의 환기로 이어진다. 그렇듯이 시의 본질은 자아로 생성된 진실을 언어를 통해 만들어지는 것이며 그 과정에 만나는 현실과의 조화는 타자와의 존재를 인식하는 시적 화자의 인식이며 추구의 영역과 관련짓는 것이다.

2.

성윤자 시인의 네 번째 시집 『모래의 여정』의 詩가 지향하는 테마는 만남이다. 시인의 만남은 실존적인 의미를 가지고 있으나 미지의 세계를 지향하는데 있어서는 기독교적 구원을 연상케 하는 완전한 동경을 주목하게 한다. 시인의 가치관이나 세계관을 통해 즉각적으로 함께 하자는 청유는 없다. 그러나 끊임없는 자아성찰의 탐구 속에 머물다보면 시인의 의도를 짐작할 수 있다. 특히 타자에 대한 깊은 성찰은 만남을 예사롭게 하지 않는데 있으며 밀폐된 세계가 아니라 안식의 세계를 묘사하고 있다. 살펴보면 "묻은 먼지 털며 불며 헹구며 걸어온 길" "내 몸에 세례를 베푸니" (「모래의 여정 1」에서)는 상황 설정이 명확하고 현실적으로 무력하지 않음의 확신을 '세례'라는 상관성을 통해 믿음을 갖게 하고 있다.

> 실개천이 길이 되고/ 바람이 목마되어/발길이 닿는 대로/ 빈손 들고 가는 길/ 풀꽃이 손 내밀고/ 그 집에 들라하면/ 대상에 차별 없이/ 그 집에 들어가서/ 기둥이 되라하면/ 기둥이 되어주고/ 바람벽이 되라하면/ 바람벽이 되어주네//바람은 가자하고/ 호수는 머물길 원하여/ 잠시 잠깐 머무는 곳/ 언제라도 떠나갈 몸/ 당신이 손 내밀고/ 어디라도 가자하면/ 당신 손 내가 잡고/ 순종하며 따라가서/ 빌딩이 되라

하면/ 빌딩이 되어주고/ 마당이 되라하면/ 마당이 되어주네

-「모래의 여정 4」전문

「모래의 여정 4」는 진행형이다. 대상을 만나러 길을 나서고 있다. 만남의 대상은 정해져 있지 않으나 만났을 경우에는 '나'를 없애고 '그'가 되어 주겠다는 의지를 보이고 있다. 또한 내 뜻대로 하는 것이 아니라 당신의 뜻대로 하고자하여 희망사항을 듣는 귀를 열어 두고 있다. 끈질긴 갈구 속에 나온 발상이지만 막연하지 않고 상상의 폭을 넓히는 계기를 마련해 준다. 1연에서 "들라하면" "들어가서" 라고 하여 능동적인 자세를 보여준다. 그렇다고 해서 생명력이 상실되었다고 여기면 안 된다. 생명력의 목소리를 아는 또는 들은 사람만이 할 수 있는 행동이라고 여겨진다. 2연에서도 "가자하면" "따라가서" 라고 하여 갈등 없이 이동의 폭을 넓히고 있다. 후렴처럼 보이는 "되어주고" "되려하네"는 시적 화자의 진실한 메시지이며 그의 인간성이라고 할 수 있다.

돌이켜 보면 모래는 바위에서 시작되어 외부의 환경을 지금까지 받고 있는 존재이다. 외형의 원형을 잃었음에도 불구하고 본능적이거나 탐구적인 행위에 의한 온갖 정서는 생명 의식을 중요하게 여기는데 기인한다. "실개천이 길이 되고 바람이 목마되어/ 발길이 닿는 대로 빈손 들고 가는 길"이라는 구절에서 짙게 깔린 현실의 몸짓은 초연하다. 2연에서 "물결은 가자하고 호수는

머물길 원하여"에서도 순종의 뜻으로 답을 보낼 작정임을 내비친다. 궁극적으로 타협하는 일면을 보일만한데도 스스로 타이르는 듯 갈등은 보이지 않는다. "잠시 잠깐 머무는 곳 언제라도 떠나갈 몸"이라고 하여 이 땅에는 영원성이 없음을 자연스럽게 보여주고 "당신이 손 내밀고 어디라도 가자하면"하여 혼란한 단계를 보이지 않고 만남을 향하고 있는 양상은 변질될 수 없다. "오라/ 바람아/ 너/ 아니면/ 내/ 가는 길/ 열어 줄 이 없으리// 오라/ 물결아/ 너/ 아니면/ 내 몸에 묻은 먼지/ 털어 줄 이 없으리"(「모래의 여정 5」에서)는 인간과 자연을 배치하여 자연의 우월성을 정신적 공간으로 긍정적 정서를 유발시키며 동반의식을 표상하고 있다. 만남으로서 이상적 자아를 추구하기 위한 새로운 국면을 접하게 된다. "그곳의 황톳물은/ 오늘도 흐르는가// 물결이 가는 곳에/ 사연을 흩어 놓고// 돌멩이 사이로/ 옛이야기 깃든다" 「안부」에서)에서 '모래'는 '돌멩이'로 환치되어 체험의 인식을 통한 의미성을 갖는다. 순수 감정에다 기억이라는 묘한 감정을 형성하면서 인간의 휴머니티를 밀도 있게 구사한 시편은 다음 시에서도 볼 수 있다. "나는 본디 기암절벽이 고향입니다/ 내 이름은 고아가 된 부스러기/ 무일푼으로 집을 떠나/ 생사를 넘나들던 방랑의 세월/ 산길 들길 진흙 길 수만 수천 리/ 부딪히지 않고 깨어지지 아니하고/ 여기까지 이를 수는 없었습니다"(「모래의 여정 1」에서)가 보여주는 시적 진실의 언어는 세파와 부딪힌 고백의 언어이다. 우리는 바로 이점을 주목하면서

평범한 이치를 자연스럽게 제시하는 '-더라'의 당위성을 확장해가는 것을 만난다.

3.

봄밤의 가랑비는
소리 없이 내리는데
추억의 사람은
멀어져 간다 하더라

여름 소낙비 맞으며
한없이 걸어보는
그 밤은 짧기만 하여
풋사랑이라고 하더라

가을비 달고 오묘한데
사람들은
그 밤을 싫어하고
나뭇잎 떨어지는
소리까지도
슬프다 하더라

겨울 진눈깨비
맑은 맛을 풍겨내고
그 맛은 봄을 당기니

비와 함께 사계절이
엇박자 되어

기나긴 겨울밤은
아쉬움만 쌓인다 하더라

-「비와 사계절」전문

위의 시에서 시적 화자는 비를 운행하고 있다. 청자는 「비와 사계절」을 만나는데 있어 동사와 함께 쓰이는 '-더라'를 활용한 간접화법 지향의 궤적을 따라 가 볼 필요가 있다. 동시에 타자의 뜻으로 인용되어 별개의 현상처럼 병치되어 진술되는 것에도 주목하여야 한다. "비와 사계절"은 시적 정황으로 보아 협상의 대상이 아니며 더구나 문제 해결의 인식은 '-더라'의 개입으로 결여되어 있다. 이러한 시의 전체 흐름은 "엇박자"라는 시어에 닿았어야 '-더라'의 과도한 개입이 단순하지 않은 중요한 요소임을 입증하고 있다. 이러한 제스처는 만남의 진술에 척도를 재지 않으려는 극단적인 조치라고 할 수 있다. 이는 「시인이여」에서 비로소 구체적 대상을 표상하여 배치한다. "당신은 복숭아꽃 열매입니다// 당신의 주머니에 무엇이 들었냐고/ 묻는 이도 없는데/ 왜 하필 당신은 주머니 활짝 열어/ 당신의 귀한 열매를/ 아무에게나 보이려 하십니까"(「시인이여」에서)는 시인의 태도에 대해 스스럼없이 반론을 제기하면서 자기 보존이라는 의미를 함축한다. '시인'이라는 자전적 궤적을 의미 있게 바라보며 존재의 활동 무대를 멈추지 않고 추적하는 과정은 교감에 의탁하여 "누구에게나 한 번 오는 여름/ 당신인들 어찌/ 여름이 바쁘지 않으리오"에서 경험을 내세

우나 개진할 의도를 갖고 있지 않다. 일방적인 동일화는 심경을 직접 토로한 것에서 의미 영역을 공유하고자 하는 것이다. "닮았어라/ 누구를 닮았을까/ 지인의 얼굴을 보는 듯한 낯익은 얼굴들/ 어디에서 온 뉘 집의 증손曾孫들일까/ 청순하고 앳된 얼굴들 낯설지 않아라" (「낯설지 않은 얼굴」에서)는 생명의 유기적 연관성의 의미가 강하게 지배하고 있으며 시의 제목에 제시된 '낯설지 않은 얼굴'에 집중된다. 내부 세계와 외부 세계를 동시에 의식하는 '낯설지 않은'의 인식은 상호 대화를 열어갈 필요성을 진술한다. 만남에서 자연스럽게 이끌고 나오는 화평의 세계는 막연하지 않고 상황의 구체성에서 진실이 전이 되고 있다. 이어 「구월의 아침」은 과거의 정황을 투사하여 만남의 지평은 새로운 의미를 창안한다.

서럽게 푸른 하늘
무지갯빛 나부끼는
광란의 아침을 보셨나요

옷깃 스며드는
싸늘한 바람 소리에
귀 기울여보셨나요

한 세월 살다 가는
풀벌레들의 아쉬운 노랫소리를
들어 보셨나요

햇살 피어나는 구월의 아침

대지 위에 풀잎은
고운 옷 갈아입고

싸늘한 바람을 타고
가던 길 멈추고 돌아보네요

-「구월의 아침」전문

여기서는 가을이 시작되는 정황을 서정적인 이미지를 바탕으로 하여 묘사하고 있다. 이 과정에서 서정적인 이미지를 환기시키는 중요한 요소는 '무지갯빛', '바람소리', '노랫소리', '햇살 피어나는' 등의 이미지이다. 이를 통해 '구월의 아침'을 새롭게 바라보는 화자의 자세가 역력히 드러나 있다. 계절의 바뀜을 어제와 다름없는 일상으로 보아 넘기지 않고 감각이미지를 활용하여 자신만이 간직한 정서나 감정을 표현하고 있다. 여름과 확연히 다르게 다가오는 살갗의 감각이 서러울 때 은폐보다 생명력을 이끌어내는 시인의 지각은 시각에서 청각으로 청각에서 시각으로 돌아오면서 현실로 노정되고 있다.

요즘 유행되고 있는 산문시 형태의 경우와는 다른 간결한 문장의 구사지만 연을 이어가는데 있어서도 갑작스러움을 배격하고 온화하게 시간적 순서대로 객관성을 확보하는 방안을 마련하고 있다. 그러면서 이웃과 동행하는 상상력을 자아내게 하는 정서는 시인의 의도가 아닐까. 나를 대신하여 말하는 나는 끊임없이 물음을 확보하여 다른 곳으로 시선을 돌리지 못하게 한다. 그렇지만 친절을 아끼지 않는 자발성은 타자와의 긴밀한 상호 보완 작용이 일어나면서 미적 거리를 확보하여 가장이나 과장이 없어 듣는 사람이 불편하지 않다. "광란의 아침을 보셨나요"에서 볼 수 있듯이 대화체성 싯귀는 일상적 현실의 삶이라고 여겨지겠지만 다음 상황을 듣지 않고는 배기지 못하도록 하는 끌림이 있다. 물론 시가 발효하는 친화력이겠지만 특유의 발화는 시각의 태도에서 비롯한다는 것이다. 아무리 큰 소리로 읽고 싶어도 스스로 잔잔하게 읽어 내리지 않으면 안 되는 고요는 단순한 절제와 다르다. 시의 기능을 통해 시적 가치의 절대성을 보여주는 것이다. 시인의 시에 일관하고 있는 만남을 부드럽게 이끄는 정서는 타자와의 지평을 넓히는데 시적 의지를 보이고 있으며 확고한 믿음에서 나오는 신뢰를 통해 존재성을 확보한다. "좁으면/ 어떠하리/ 바위틈 나의 집// 이 땅의 누구인들/ 원하는 곳에서/ 태어나는 이가 있을까"(「팽이밥꽃의 고백」에서)를 통해서도 드러나는 자존은 연민을 근관으로 하여 만남의 형태를 알레고리화한 것이다. 소외된 타자에 선뜻 시선을 보내는 시적 발상은 종교적 목적의식보다 낮은 곳으로 향하려는 과정에 다를 바 없다.

4.

당신의 추억을
나의 집에 담았습니다

당신의 희로애락도
내 가슴에 가득 담았습니다

지난 날
나는
성심을 다하여
당신께 기쁨을 전했습니다

지금 나의 집에는
당신의 허물은
한 점도 없고
당신의 미소만 가득합니다

당신은
내 가슴에
열쇠를 채우지 마세요

나는 시대의 뒤란 길에서
당신의 아름다운 추억을
한 아름 안고
당신을 그리워하며 울고 있습니다

-「카메라의 비애」 전문

위에 인용한 시는 진정한 고백체이다. 스마트 폰에서 밀려나는 카메라의 소외 의식이 그대로 표상되면서 아픔과 고통이 아니라 그리움으로 전환된다. 가성의 목소리가 아니다. 미화美化도 아니다. 진실을 드러내어 감동으로 이끄는 것은 시적 화자가 찾으려는 세계에 대한 성찰의 진지한 자세라 이해된다. "지금/ 나의 집에는/ 당신의 허물은/ 한 점도 없고/ 당신의 미소만/ 가득합니다"에서 화자는 타자와 상호보완적 관계를 유지하며 존재의 확장과 상승한다. 현대의 메커니즘 소용돌이 속에서 개별적 고백은 거듭남의 발로이며 경계를 허무는 방식이다. 현재는 과거의 기억에서 왔음을 시인하며 새로운 것에 의미를 찾는 과정을 밟고 있다.

성윤자 시인의 만남의식은 과거와 현재의 융합에서 새로운 지평을 열어가는 생명의식이며 시인의 내적 갈망이기도 한 믿음의 영원성에 닿아있다. 그것은 서정의 물결을 이루며 현대인을 향한 호소와 소통의 메시지를 형성하고 있다. "북데기 헤집어 알갱이 찾은 기쁨 가마니에 담긴 곡식에 비할소냐"(「보물찾기」에서)는 희망은 기쁨을 과장하지 않는다. 단순한 것에 큰 기쁨이 있다는 것은 허상이 아니라 찾는 실천을 행하면 회복할 수 있다는 의욕을 보이는 것은 시인의 경험에서 나온 삶의 철학일 수도 있다. 기쁨은 누구에게만 정해진 소유물이 아니며 만나려고 하는 의욕에서 비롯됨을 표상하고 있다. 그것의 원천은 '믿음'과의 만남에서 인식되며 타자와 함께함으로서 생명을 불어넣는다. 시인은 다음 시에서 고통의 현실을 선명하게 그리고 있다. 궁극적으로 믿음을 신뢰하는 뿌리의식이며 곧 완화될 것이라는 확신에서 연유된다. "터널이 무너져 길이 막혔다/ 그 앞에서 막달라 마리아가/ 길 터기를 기다린다"(「신경치료 1」)에서 만남 의식의 방향은 '신경치료'라는 과학적 소재의 만남 공간에서도 길트기를 망설이지 않는다.

터널이 무너져 길이 막혔다
그 앞에서 막달라 마리아가
길트기를 기다린다
광부는 이마에 거울을 쓰고
손에 연장을 들고 터널 앞에 섰다
언제부터인가 막혀버린 나의 황금터널
그 길을 트는 기간은 약 백일
광부는 허리를 구부리고
황금벽을 두드리며 흙 파기에 열중한다
드릴로 돌리고 벽을 긁고
벽 긁는 소리가 날마다 요란하다
굴착기는 어떻게 생겼을까
이 소리는 어디까지 들릴까
광부는 오늘도 황금길을 못 찾고
터널을 봉하려는지
송진을 숟가락에 담아 들고
뜨겁습니다 라고 하며
터널 입구에 붙여 놓고 가버린다
막달라 마리아만 그 앞에 남아
터널 안을 들려다보며 송진을 다독거린다

-「신경치료 1」전문

이 시에서 시적 화자의 나는 "나의 황금터널"에서 비로소 등장한다. 터널은 소통을 위한 공간이다. 그러나 집중하지 않으면 의도하지 않는 상황을 만날 수 있는 공간이기도 하다. 제목으로 제시된 "신경치료"는 시적 과정에서 '터널'은 사실보다 상상에 치중했으며, 내러티브 *narrative* 형식으로 하여 은폐의 기능처럼 보인다. 그렇지만 낯설기와 위트가 있는데다가 유모도 있어 유쾌함까지 동반하여 신경치료의 뉘앙스를 역설하는 효과를 드러내는 만남의 면모가 돋보인다. 경험적 세계는 상상적 세계로 진술되지만 진실한 세계임을 이해하는 것이 바람직하다. "광부는 이마에 거울을 쓰고/손에 연장을 들고"에 집중되는 황금 길트기는 "날마다 막힌 벽 끓는 소리가 요란하다"에서 고통을 호소할 법도 하지만 감각적인 "뜨겁습니다 라고 하며"에서 인고의 상황을 타자의 경험으로 하여 고통을 타진할 계기를 마련한다. "막달라 마리아는 그 앞을 떠나지 못하고"의 만남은 연속적임을 나타내면서 나를 위안해 주는 대상임에는 틀림이 없다. 그러나 점층법으로 더 위안을 주는 것은 "주걱으로 송진을 다독거린다"라고 하여 '주걱'을 표상시키고 있다. 결국 어머니로서의 삶이 완성되고 있음을 진술하고 있다

5.

성윤자 시인의 시적 지향은 만남을 마련하는 것이다. 생성된 것은 소멸보다 영원성을 추구하며 자연이든 사물이든 진실한 노래로 타자와의 거리를 좁힌다. 숙명의

만남에서도 전함을 잊지 않는 시인은 믿음의 언어를 자제하면서도 궁극적으로는 믿음이 탐구의 과정이 아니라 노정임을 제시하고 있다. 만남은 타자와 함께 하는 원천의 자리이다. 순례자로서의 경험이 공감각을 이루는데 삶을 배제하지 않고 지향성을 확장하는 가운데 『모래의 여정』이 있다. 시인의 크리스트교적인 휴머니즘이 불완전한 현실과 동경의 세계를 통어하여 오늘과 더 절실하게 닿기를 기대하며 무구한 탐구의 자세에 경의를 표한다.

성윤자 제 4 詩集

모래의 여정

초판1쇄 발행 2017년 8월 31일

지은이 성윤자
펴낸이 이길안
펴낸곳 세종출판사

주소 부산광역시 중구 흑교로 71번길 12 (보수동2가)
전화 463－5898, 253－2213~5
팩스 248－4880
전자우편 sjpl@chol.com
출판등록 제02-01-96

ISBN 979-11-5979-164-2 03810

정가 12,000원

이 도서의 국립중앙도서관 출판예정도서목록(CIP)은 서지정보유통지원시스템 홈페이지(http://seoji.nl.go.kr)와 국가자료공동목록시스템(http://www.nl.go.kr/kolisnet)에서 이용하실 수 있습니다. (CIP제어번호: CIP2017020798)

본 도서는 부산광역시, 부산문화재단의 지원으로 제작되었습니다.